هريسُ الوزيرِ

AF729193

دار جامعة حمد بن خليفة للنشر
HAMAD BIN KHALIFA UNIVERSITY PRESS

مرَّةً، كانَ السلطانُ معَ وزيرِهِ ظريف يُحصيانِ أموالَ الخزينةِ.

قالَ السلطانُ: «ما رأيكَ لو نعلنُ عن مسابقةٍ ونخصِّصُ بعضَ النقودِ للفائزِ؟».

أجابَ الوزيرُ: «فكرةٌ رائعةٌ، يبدو أنَّكَ تعدُّ لمسابقةٍ صعبةٍ».

قالَ السلطانُ: «على المتاسبقِ قضاءُ ليلةٍ كاملةٍ عندَ البحيرةِ المتجمِّدةِ من دونِ أن يتدفَّأَ. لا أظنُّ أنَّ أحدًا قد يربحُ».

أعلنَ ظريفٌ عن المسابقةِ، ولكنْ لم يستطعْ أحدٌ أن يقضي ليلةً كاملةً فوقَ البحيرةِ المتجمّدةِ، فقد كانَ الصقيعُ شديدًا.

حتَّى أتى رجلٌ متسوِّلٌ، وطلبَ المشاركةَ.

قالَ السلطانُ للمتسوِّلِ: «سأعطيكَ طبقًا من المالِ إذا أمضيتَ الليلةَ على البحيرةِ المتجمِّدةِ من دونِ أن تتدفَّأ».

وافقَ المتسوِّلُ في الحالِ.

أمضى المتسوِّلُ أسوأَ ليلةٍ في حياتِهِ. تجمَّدتْ أطرافُهُ من الصقيعِ، وكادَ قلبُهُ يتوقَّفُ عن النبضِ، لكنَّهُ صمدَ رغمَ كلِّ شيءٍ. كان حرَّاسُ السلطانِ يراقبونهُ عبرَ المنظارِ.

فِي الصباحِ، ذهبَ المتسوِّلُ إلى السلطانِ ليحصلَ على نقودِ المسابقةِ.

دُهشَ السلطانُ من الأمرِ: «كيفَ صمدتَ هناكَ طوالَ الليلِ! هذا مستحيلٌ، لا بدَّ من أنَّكَ تدفَّأتَ».

أجابَ المتسوِّلُ: «لا يا مولاي! لم يكنْ حولي سوى ضوءٍ خافتٍ آتٍ من نافذةٍ بعيدةٍ».

صاحَ السلطانُ بغضبٍ: «لقد غششتَ! حصلتَ على الدفءِ من الضوءِ البعيدِ. لن أعطيكَ أيَّ مالٍ».

صاحَ المتسوِّلُ باكيًا: «لا يا مولاي! أرجوكَ!»...

حاولَ ظريف التدخُّلَ، ولكنَّ السلطانَ لم يسمحْ لهُ.

أخرجَ الحرَّاسُ المتسوِّلَ منَ القصرِ عنوةً.

غابَ ظريف عن القصرِ عدَّةَ أيَّامٍ.

قلقَ السلطانُ، فأرسلَ يطلبُ من ظريف أن يأتي حالًا. كتبَ ظريف للسلطانِ رسالةً تقولُ: «أعتذرُ من مولاي، سآتي حينَ ينضجُ الهريسُ الذي أطهوهُ».

مضى أسبوعٌ ولم يأتِ ظريف. فذهبَ السلطانُ إليهِ بنفسهِ.

دُهشَ السلطانُ ممَّا رآهُ. كانَ وزيرُهُ يطهو الهريسَ في قدرٍ بعيدةٍ جدًّا عن النارِ. سألَ السلطانُ بتعجُّبٍ:

«كيفَ سينضجُ الهريسُ والنارُ بعيدةٌ عنهُ؟».

أجابَ ظريف: «مولاي، إذا تدفَّأَ المتسوِّلُ من ضوءٍ بعيدٍ فهذهِ النارُ ستُنضِجُ الهريسَ».

أدركَ السلطانُ خطأَهُ.

أحضرَ المتسوِّلَ، وأعطاهُ المالَ الذي وعدَهُ بهِ.